MEINE FREUNDIN KITTY

In Einfacher Sprache

Spaß am Lesen Verlag
www.einfachebuecher.de

Mit Dank an die

anne frank
stichting

Text: Marian Hoefnagel
Übersetzung aus dem Niederländischen: Bettina Stoll

Fotos: Sammlung der Anne Frank Stiftung, Amsterdam
©Anne Frank Stiftung/Vizualism.nl (S. 50-51), NIOD (Institut für Kriegs-, Holocaust- und Genozidstudien), Amsterdam (S. 94)
Umschlag: Shutterstock

ISBN 978-3-948856-80-9

MEINE FREUNDIN KITTY

DAS LEBEN VON ANNE FRANK

In Einfacher Sprache

Marian Hoefnagel

Schwierige Wörter oder Begriffe sind unterstrichen.
Die Erklärungen stehen in der Wörterliste am Ende des Buches.

Inhalt

Teil 1

Die Zeit vor dem Tagebuch

1929-1942

Ein normales Mädchen

Anne Frank wird 1929
in Deutschland geboren.
Anne ist ein ganz normales Mädchen.
Sie hat eine drei Jahre ältere Schwester.
Sie hat einen Vater und eine Mutter.
Sie hat Opas und Omas,
Tanten und Onkel.
Alles ganz normal.

Trotzdem wird das Leben von Anne
nicht normal sein.
Aber 1929 weiß das noch niemand.
Anne wird schon mit 15 sterben.
Der Name Anne Frank ist heute
auf der ganzen Welt bekannt.

Krise und Judenhass

Die Familie von Anne besitzt
in Deutschland eine Bank.
Der Vater von Anne arbeitet dort.
Die Familie Frank ist mit der Bank
ziemlich reich geworden.

Doch jetzt läuft die Bank nicht gut.
Denn in Deutschland gibt es
eine Krise in der Wirtschaft.
Millionen von Menschen
haben keine Arbeit.

Die Eltern von Anne möchten
weg aus Deutschland.
Sie wollen in die Niederlande ziehen.

Denn dort ist die Krise nicht so
schlimm wie in Deutschland.
Und in den Niederlanden ist
die Familie auch sicher.
Die Familie Frank ist nämlich jüdisch.

In Deutschland ist es
für Juden gefährlich.
Das ist wegen Adolf Hitler.
Er ist der neue Führer
von Deutschland.
Seine politischen Partei heißt NSDAP.

Die NSDAP will, dass Deutschland
ein Land für „echte Deutsche" wird.
Die Mitglieder von der NSDAP finden,
Juden sind keine echten Deutschen.

Hitler gibt den Juden die Schuld
für die Krise.
Er will die Krise nutzen, um
Deutschland „judenfrei“ zu machen.

Hitler verbreitet Lügen über Juden.
Doch viele Deutsche glauben,
was Hitler sagt.
Sie werden Mitglied in der NSDAP.
Die Mitglieder von der NSDAP
werden „Nazis“ genannt.

Die NSDAP wird die größte Partei
in Deutschland.
Sie regiert das Land ab 1933.
Die Juden haben es jetzt schwer.
Es gibt neue Gesetze gegen Juden.

Und es gibt jede Menge Verbote:
Juden dürfen nicht mehr
in Ämtern arbeiten.
Juden dürfen keine Lehrer mehr sein.
Außer an jüdischen Schulen.
Es gibt noch viel mehr Verbote.
Und es werden immer mehr.

Deshalb verlassen viele Juden
Deutschland.
Sie gehen nach Amerika.
Sie gehen in die Schweiz.
Oder sie gehen in die Niederlande.

Eine glückliche Zeit in den Niederlanden

Otto Frank ist der Vater von Anne.
Er zieht als Erster nach Amsterdam.
Dort leitet er eine neue Firma.
Er mietet ein Haus in Amsterdam.
In einem Stadtviertel im Süden.
In dem Viertel wohnen viele jüdische
Flüchtlinge aus Deutschland.

Nach einer Weile kommt der Rest
von der Familie Frank:
Anne, ihre Mutter Edith
und ihre Schwester Margot.
Endlich ist die Familie wieder
zusammen.

Margot geht in die Grundschule.
Anne geht in den Kindergarten.
Die beiden Mädchen lernen schnell
Niederländisch.
Denn das hören sie den ganzen Tag.
Nicht nur in der Schule.
Sondern auch,
wenn sie draußen spielen.

Viele von ihren Freundinnen
kommen auch aus Deutschland.
Doch sie sprechen alle
Niederländisch miteinander.

Margot ist ein ruhiges Kind.
Sie ist gut in der Schule.
Sie hat immer gute Noten.

Anne ist anders als Margot.
Sie redet und lacht gerne
mit ihren Freundinnen.

Auch als sie in die Schule kommt.
Sie redet und lacht im Unterricht.
Das gefällt den Lehrern von Anne
nicht so gut.

Aber die Lehrer sind auch
stolz auf Anne.
Weil Anne gut Geschichten
erzählen kann.
Und sie schreibt gute Aufsätze.

Die Deutschen in den Niederlanden

Im Mai 1940 überfallen die
Deutschen die Niederlande.
Niemand hatte das
für möglich gehalten.
Deshalb fühlten sich die Juden
in den Niederlanden sicher.
Aber dann passiert es doch.

Viele Juden beschließen,
wieder zu flüchten.
Die Eltern von Anne können
nicht weggehen.
Aber sie hoffen, dass der Krieg
schnell vorbei ist.

Am Anfang vom Krieg ändert sich
nicht so viel.
Margot und Anne gehen
ganz normal in die Schule.
Ihre Mutter macht den Haushalt.
Ihr Vater arbeitet in seiner Firma.

Aber dann gibt es auch in den
Niederlanden Gesetze gegen Juden:

Juden müssen ihr Fahrrad abgeben.
Juden dürfen nicht
mit der Straßenbahn fahren.
Juden dürfen nicht ins Kino.
Juden dürfen nach acht Uhr abends
nicht nach draußen.
Juden dürfen nicht ins Schwimmbad.

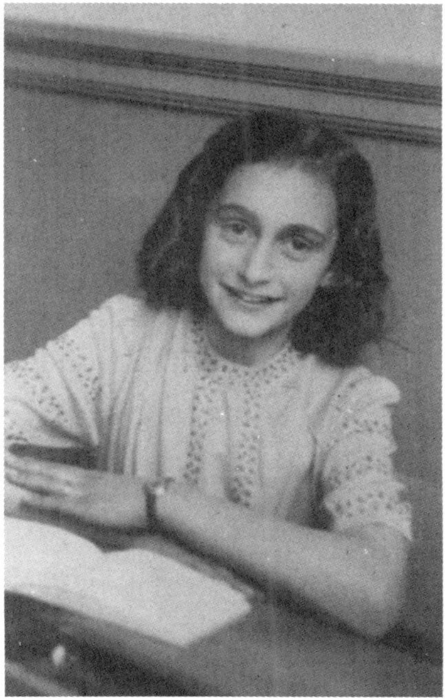

▲ *Anne Frank*

Juden dürfen nicht mehr
Schlittschuh laufen.
Jüdische Kinder müssen
in jüdische Schulen gehen.

Juden müssen einen gelben Stern
auf der Kleidung tragen.

Nicht mehr Schlittschuh laufen!
Das findet Anne am schlimmsten.
Gerade hat sie
neue Schlittschuhe bekommen!

Teil 2

Die Zeit, in der Anne Tagebuch führt

1942–1944

Wie es mit dem Tagebuch anfing

Am 12. Juni 1942 wird Anne 13 Jahre.
Sie bekommt eine Menge Geschenke:
Bücher, Blumen, Spiele und Schmuck.
Aber das schönste Geschenk
ist das Tagebuch.
Es ist ein dickes Buch
mit einem Schloss.

Anne schreibt:*

---

* Alle Abschnitte aus dem Tagebuch von Anne wurden gekürzt und einfacher geschrieben.

Ich werde sehr viel in mein Tagebuch schreiben. Dinge, die ich niemandem erzählen kann. Dinge, die niemand lesen darf. Mein Tagebuch wird meine beste Freundin. Diese Freundin nenne ich Kitty.

Anne schreibt weiter:

Ich kann es nicht abwarten, damit anzufangen. Hallo, Tagebuch, ich finde dich so toll!

Anne schreibt über ihre Familie und ihre Freundinnen.

Sie schreibt,
dass ihr die Jungs nachlaufen.
Und dass sie das interessant findet.

Aber auf einmal ändert sich alles
im Leben von Anne.
Es beginnt mit einem Brief
an Annes Schwester Margot.
Darin steht, dass Margot
nach Deutschland muss.
Margot soll dort arbeiten.

Die ganze Familie hat große Angst.
Denn sie wissen, was das bedeutet.

Anne schreibt:

Margot ist erst 16!
So junge Mädchen sollen alleine
nach Deutschland?
Unsere Eltern wollen nicht,
dass Margot geht.
Deshalb werden wir untertauchen.
Sonst holen sie uns alle vier ab
und schicken uns nach Deutschland.
Margot und ich haben schon unsere
Schulranzen gepackt.
Als Erstes habe ich mein Tagebuch
eingepackt.

▲ *Margot, die Schwester von Anne*

▶ *Das Tagebuch von Anne*

Untertauchen

Am nächsten Tag zieht die Familie
Frank an die neue Adresse.
Anne schwitzt.
Sie hat viele Sachen übereinander an.
Aber nur so kann sie die Kleidung
überhaupt mitnehmen.
Denn Juden dürfen nicht
mit Koffern unterwegs sein.
Überall sind deutsche Soldaten.
Wenn sie Koffer sehen, denken sie:
Diese Menschen wollen fliehen.

Das Versteck ist mitten in
Amsterdam, an der Prinsengracht.
Dort ist die Firma von Annes Vater.

Die Firma heißt Opekta.
Opekta ist ein Mittel, mit dem man
Marmelade kochen kann.

Der hintere Teil vom Gebäude
wird nicht benutzt.
Das ist das Hinterhaus.
Dort hat Annes Vater
eine Wohnung eingerichtet.
Überall stehen Kartons herum.
Mit Sachen aus der alten Wohnung.
Freunde von der Familie haben
die Sachen hierher gebracht.
Besonders Miep Gies und
ihr Mann Jan haben viel geholfen.
Miep arbeitet bei Opekta.
Miep und Jan sind keine Juden.

Sie können ohne Probleme
mit Kartons durch die Stadt gehen.

Annes Vater wollte eigentlich erst
am 16. Juli 1942 untertauchen.
Doch sie müssen früher umziehen.
Wegen dem Brief an Margot.

Anne ist mit der neuen Wohnung
ganz zufrieden.
Sie schreibt:

*Das Hinterhaus ist feucht und schief.
Aber nirgendwo gibt es ein so
gemütliches Versteck.
Unsere neue Wohnung ist ziemlich*

groß. Unten ist das Zimmer von meinen Eltern. Und ein kleines Zimmer für Margot und mich. Ich habe Fotos von Filmstars an die Wand geklebt.
Oben gibt es ein großes Zimmer mit Küche. Das wird das Zimmer von Herrn und Frau van Pels.
Sie tauchen hier auch unter, mit ihrem Sohn Peter. Er bekommt ein Zimmer an der Treppe.
Mir gefällt es ganz gut hier. Es ist wie Ferien. In einem sehr seltsamen Hotel.

Neue Bewohner

Bald zieht auch Familie van Pels ein.
Anne freut sich.
Ihr ist es viel zu still und langweilig
zu viert im Hinterhaus.

Peter van Pels hat seine Katze
Muschi mitgebracht.
Das freut Anne sehr.
Sie konnte ihre Katze Moortje
nicht mitnehmen.
Anne vermisst ihre Katze sehr.
Aber die Nachbarn sorgen für Moortje.

Die Familie van Pels erzählt
von „draußen".

„Alle denken, dass ihr weggezogen
seid“, erzählt Herr van Pels.
„Zu Verwandten in die Schweiz.“

Das sind gute Nachrichten!
Alle glauben also,
dass die Franks in der Schweiz sind.
Niemand vermutet,
dass sie untergetaucht sind.

Aber es gibt auch
schlechte Nachrichten.
Immer mehr Juden
müssen sich melden.
Sie sollen in Deutschland arbeiten.
Wer sich nicht meldet,
wird verhaftet.

Der Eingang zum Hinterhaus
wird jetzt noch besser versteckt:
Vor die Tür zum Hinterhaus
kommt ein großer Schrank.
Den Schrank kann man drehen.
Wird der Schrank zur Seite gedreht,
ist der Eingang zum Hinterhaus offen.
Steht der Schrank gerade,
kann niemand den Eingang sehen.

Wir haben jetzt
ein richtiges Versteck,
schreibt Anne.

Stille und Angst

Fünf Mitarbeiter von Opekta
wissen Bescheid
über die Menschen im Hinterhaus.
Diese Mitarbeiter kaufen
für das Hinterhaus ein.
Die anderen Mitarbeiter haben
keine Ahnung.

Deshalb müssen die Menschen
im Hinterhaus tagsüber still sein.
Sie müssen leise reden
und sich vorsichtig bewegen.
Sie dürfen den Wasserhahn
nicht aufdrehen. Und auch die
Toilette nicht zu oft spülen.

Abends und am Wochenende
brauchen sie nicht still zu sein.
Dann können sie auch nach unten
und in das Büro von Opekta gehen.
Dort steht ein Radio.

Sie hören gerne Radio Oranje.
Das ist ein niederländischer Sender.
Er sendet aus England.
Die Leute von Radio Oranje sind
vor den Deutschen geflohen.
Oder sie hören den englischen Sender.
Bei diesen Sendern erfahren sie,
was wirklich in der Welt passiert.
Denn im normalen niederländischen
Radio kommen nur noch Meldungen,
die den Deutschen gefallen.

Anne schreibt, dass sie Angst hat:

Natürlich ist es verboten, Radio Oranje zu hören. Wenn die Deutschen das merken, erschießen sie uns.
Ich bin am liebsten oben, hinter der Drehtür. Im Hinterhaus bin ich sicher.

Aber auch im Hinterhaus
hat Anne ständig Angst.
Vor den Flugzeugen,
die nachts über Amsterdam fliegen.
Vor den Schüssen aus der Stadt
auf die Flugzeuge.
Es klingt alles so nah.

Wenn ein Flugzeug abstürzt,
was dann?

Anne hat auch Angst vor Einbrechern.
Peter kontrolliert jeden Abend
alle Türen vom Haus.
Alles muss gut verriegelt sein.
Trotzdem hören sie manchmal
Geräusche von unten.
Doch sie trauen sich nicht,
nachzuschauen.

Sie sitzen nur da
und zittern vor Angst.
Sie haben Angst,
bis die Geräusche vorbei sind.
Dann beruhigen sie sich wieder.

Dass bei Opekta gestohlen wird,
ist schlimm.
Aber noch viel schlimmer wäre es,
wenn die Menschen im Hinterhaus
entdeckt werden!

▲ *Der geheime Eingang ins Hinterhaus*

Streit

Im Hinterhaus leben die Menschen
eng zusammen.
Sie sehen sich den ganzen Tag.
Deshalb gibt es oft Streit.

Vor allem Herr und Frau van Pels
streiten oft.
Dann schreien sie sich an.
Herr van Pels will zum Beispiel
Zigaretten kaufen.
Seine Frau findet Zigaretten zu teuer.

Frau van Pels streitet sich auch
mit Annes Mutter.
Sie will nicht,

dass ihre Teller benutzt werden.
Sie will, dass nur die Teller
von Annes Mutter benutzt werden.

Annes Mutter bleibt ruhig.
„Die meisten Dinge hier sind
von uns“, sagt sie zu Frau van Pels.
„Und die benutzen Sie auch.“

Manchmal streiten sie wegen Anne.
Herr und Frau van Pels finden,
dass Anne frech ist.
Dass sie keine Manieren hat.
Dass sie verwöhnt ist.
Dass sie faul ist.
Dass sie nicht gut erzogen ist.
Annes Vater hält immer zu Anne.

„Ich finde, dass Anne sehr gut
erzogen ist“, sagt er zu Frau van Pels.
„Und sie hat schon viel gelernt.
Zum Beispiel, dass es besser ist,
Ihnen keine Antwort zu geben.“

Doch Anne ärgert sich nicht nur
über Herrn und Frau van Pels.
Sie ärgert sich auch über ihre Mutter.
Die Mutter hat oft
etwas an Anne auszusetzen.
Und das stört Anne.

Ihr Vater meint,
Anne soll netter sein zu ihrer Mutter.
Und ihr ein bisschen mehr helfen.
Aber dazu hat Anne keine Lust.

Sie schreibt:

> *Ich kann nicht netter zu meiner Mutter sein. Ich hab sie einfach nicht lieb. Ich hab nur meinen Vater lieb. Ich hoffe, dass meine Mutter das nie liest.*

Manchmal verstehen sich
Anne und Margot gut.
Aber meistens findet Anne
ihre Schwester zu ruhig.
Zu perfekt.

Das Leben im Hinterhaus

Das Leben im Hinterhaus
ist langweilig:
kochen, abwaschen,
putzen, aufräumen.

Margot, Peter und Anne lernen
aus ihren Schulbüchern.
Französisch, Englisch, Geschichte,
Erdkunde, Mathematik.
Damit sie keine Lücken haben,
wenn sie wieder in die Schule gehen.

Anne findet Mathematik schrecklich.
Aber die anderen Fächer
machen ihr Spaß.

Manchmal arbeiten die Menschen
im Hinterhaus für Opekta.

▲

*Das Zimmer von Herrn und Frau van Pels.
Es ist auch das Wohnzimmer von allen Bewohnern
vom Hinterhaus.*

Wenn Mitarbeiter von Opekta
krank sind.
Oder wenn es viel Arbeit gibt.

Sie wiegen zum Beispiel Kräuter ab
und füllen sie in Beutel.
Margot und ihr Vater helfen oft
bei der Buchhaltung.

Außerdem wird im Hinterhaus
viel gelesen.
Miep Gies geht jede Woche
zur Bibliothek.
Sie bringt jedes Mal
fünf Bücher mit.
Alle freuen sich
über die neuen Bücher.

Peter und Margot dürfen
alle Bücher lesen.
Anne nicht,
und das macht sie wütend.
Sie will auch Bücher
für Erwachsene lesen.
Manchmal macht sie das heimlich.

Am liebsten aber schreibt Anne in
ihrem Tagebuch:

> *Wenn ich schreibe, bin ich nicht traurig. Es ist so schön, dass ich meine Gedanken aufschreiben kann. Sonst würde ich völlig ersticken.*

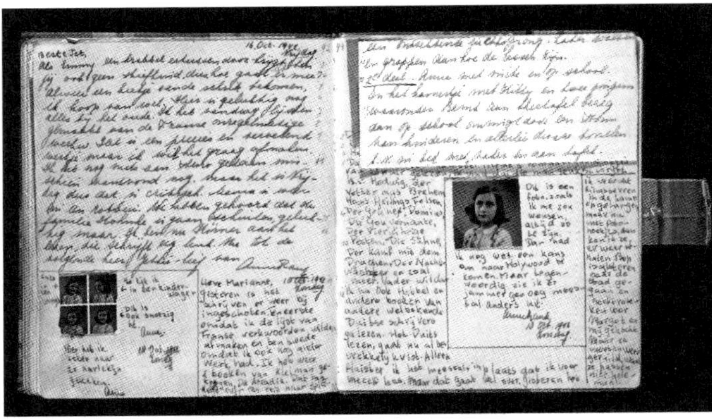

▲

Anne schreibt alles, was sie denkt und fühlt, in ihr Tagebuch.

Ein bisschen Hoffnung

Am 9. November 1942 schreibt Anne, dass sich alle freuen:

> *Im Radio gibt es gute Nachrichten. Die Engländer sind in Afrika gelandet. Sie haben einige große Städte erobert. Viele Menschen denken, dass das der Anfang vom Ende ist. Aber Churchill, der englische Minister-Präsident, nennt es „das Ende vom Anfang". Erkennst du den Unterschied, Kitty?*

Alle im Hinterhaus freuen sich. Aber es dauert noch über 2 Jahre, bis der Krieg vorbei ist.

Noch ein Mitbewohner

Miep hat wieder schlechte
Nachrichten von „draußen“.
Anne schreibt:

> Die Deutschen haben viele jüdische Bekannte mitgenommen. Sie werden in Vieh-Waggons nach Westerbork gebracht. Dort ist ein großes Lager für Juden. Es ist dort schrecklich. Die Menschen bekommen fast nichts zu essen und zu trinken.
> Es gibt nur eine Toilette für ein paar Tausend Menschen. Wenn es in den Niederlanden schon so schlimm ist: Wie wird es danach?

Dort, weit weg, wohin alle Juden gebracht werden? Wir glauben, dass sie dort ermordet werden.

Annes Vater will noch
einen Mitbewohner aufnehmen.
Es ist genug Platz für acht, sagt er.
Anne ist nicht damit einverstanden.
Denn sie muss ihr Zimmer jetzt
mit einem Unbekannten teilen.
Margot zieht in das Zimmer
von den Eltern.
Anne gefällt das alles nicht.
Aber so können sie noch
einen Menschen retten.
Und das ist das Wichtigste.

Prinsengracht 263, Amsterdam

1 Das Warenlager
2 Das WC im Warenlager
3 Die Küche vom Büro
4 Das WC vom Büro
5 Die Tür zum Büro von Otto Frank
6 Das Büro von Victor Kugler
7 Das Büro von Miep Gies, Bep Voskuijl und Johannes Kleiman
8 Lagerraum
9 Dachboden vom Vorderhaus
10 Der Bücherschrank vor dem Eingang zum Hinterhaus
11 Das Zimmer von Otto, Edith und Margot Frank
12 Das Zimmer von Anne Frank und Fritz Pfeffer
13 Waschraum mit WC
14 Das Zimmer von Herrn und Frau van Pels
15 Das Zimmer von Peter van Pels
16 Dachboden vom Hinterhaus

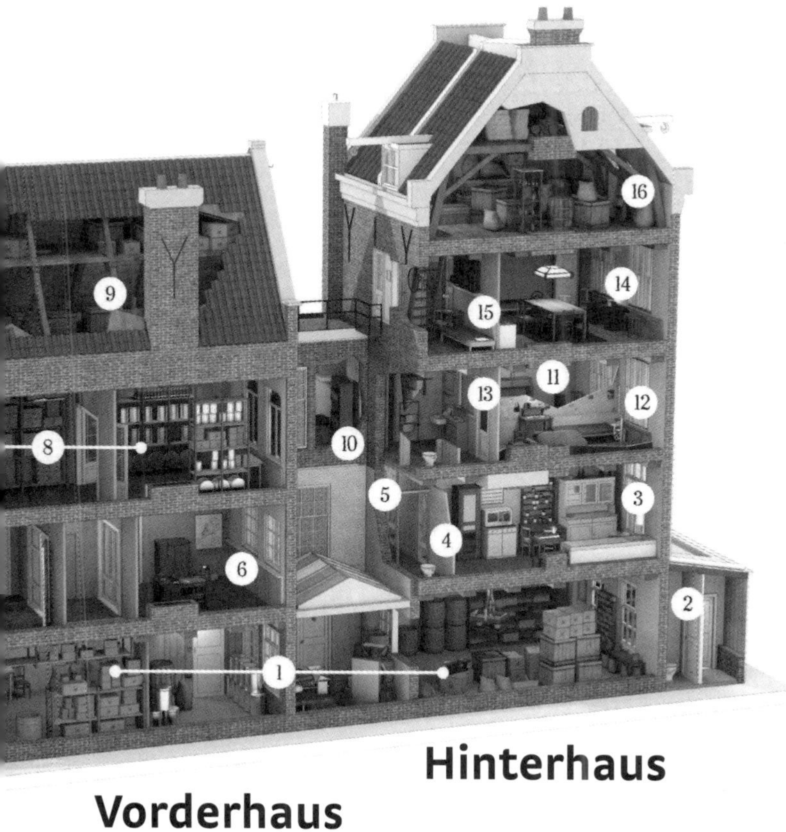
16
14
15
9
11
13
12
8
10
5
3
4
6
2
1
Hinterhaus
Vorderhaus

Fritz Pfeffer

Der neue Mitbewohner
heißt Fritz Pfeffer.
Er ist überrascht,
als er die Familie Frank sieht.
„Ich dachte, Sie sind alle weg“, sagt er.
„Ins Ausland.“
Die Menschen im Hinterhaus
sind erleichtert, das zu hören.

Herr Pfeffer ist Jude,
aber seine Frau nicht.
Sie muss also nicht untertauchen.
Und sie kann Essen für ihn kaufen.
Das ist wichtig.
Denn es ist schwierig,

Lebensmittel zu bekommen.
Dafür braucht man jetzt Gutscheine.

Wer untergetaucht ist,
bekommt keine Gutscheine.
Die Gutscheine muss man
auf dem Schwarzmarkt kaufen.
Der Preis von Gutscheinen
steigt ständig.
Für die Menschen im Hinterhaus
ist das ein Problem.
Ihnen geht das Geld aus.

Was Herr Pfeffer von „draußen“
erzählt, ist nichts Gutes:
Deutsche Soldaten fahren
durch die Stadt.

Auf der Suche nach Juden.
Sie klingeln überall und fragen.
Wenn dort Juden wohnen,
müssen alle mit.
Alle.
Sofort.

Auf Anne machen diese Nachrichten
viel Eindruck.
Sie schreibt:

> *Ich sehe in Gedanken Reihen von unschuldigen Menschen.*
> *Sie laufen auf der Straße. Die Kinder weinen. Sie laufen und laufen.*

Die Deutschen schlagen sie,
bis sie fast umfallen.
Alle müssen mit: Alte, Kranke,
Schwangere, Babys. Und alle sind
auf dem Weg in den Tod.
Ich fühle mich schuldig, weil ich in
einem warmen Bett liege.
Meine Freundinnen sind da draußen.
Sie werden geschlagen oder zu Boden
geworfen. Nur, weil sie Juden sind!

Noch mehr Streit, aber auch Geschenke

Am Anfang findet Anne
Herrn Pfeffer nett.
Aber schon bald streiten die beiden.
Er findet Anne lebhaft und frech.
Genau wie Herr und Frau van Pels.

Manchmal wird Anne
gleich dreimal ausgeschimpft.
Erst von Herrn Pfeffer
und dann von ihrer Mutter.
Und danach noch von Frau van Pels.

Aber es passieren auch schöne Dinge.
Zum ersten Mal feiern sie

am 5. Dezember Nikolaus.
Das war die Idee von Miep.

Sie hat einen Korb verziert.
Im Korb war für jeden
ein Geschenk und ein Gedicht.

Anne gefällt Nikolaus besser
als das jüdische Lichter-Fest.
Das Lichter-Fest ist
ein jüdisches Fest.
Es wird auch im Dezember gefeiert.

Seltsame Geräusche

Die Menschen im Hinterhaus
haben ständig Angst vor Einbrechern.
Einbrecher könnten sie entdecken.
Die Einbrecher könnten die
versteckten Menschen dann
der Polizei melden.
Die Polizei zahlt eine Belohnung,
wenn jemand Juden verrät.

Eines Nachts hört Frau van Pels
Geräusche auf dem Dachboden.
Sie hat Angst,
dass Peter in Gefahr ist.
Deshalb weckt sie ihren Mann.
Aber der will nicht nachschauen.

„Diebe werden Peter sicher
nicht mitnehmen“, sagt er.

Aber in der Nacht darauf
hört sie wieder Geräusche.
Peter steigt auf den Dachboden,
mit einer Taschenlampe.

Oben entdeckt er eine Menge Ratten!
Sie sind groß und fressen
die Lebensmittel auf.

Peters Katze Muschi wird
auf den Dachboden gebracht.
So ist das Problem schnell gelöst.

Über das Essen schreibt Anne:

Wir haben zwar noch Lebensmittel.
Aber sie schmecken nicht.
Die Kartoffeln sind alt und
schmecken verdorben.
Beim Gemüse ist es noch viel
schlimmer. Wer abnehmen will,
muss ins Hinterhaus kommen!
Nur Herr Pfeffer leidet keinen Hunger.
Seine Frau schickt ihm Eier, Butter,
Kekse, Brot, Cognac, Schokolade,
Käse und Marmelade.
Er isst alles alleine auf und gibt uns
nichts davon ab.

Geburtstag

Anne ist jetzt 14.
Vor einem Jahr bekam sie
ihr Tagebuch.
Damals sah ihr Leben ganz anders aus.
Trotzdem ist es
ein schöner Geburtstag.
Alle haben sich Süßigkeiten
für Anne aufgespart.
Ihr Vater hat ein Gedicht geschrieben.
In dem Gedicht geht es um Anne.
Wie schwierig es für sie
im Hinterhaus ist.
Anne freut sich sehr
über das Gedicht.
Weil ihr Vater sie so gut versteht.

Lachen und träumen

Manchmal kann Anne auch
richtig fröhlich sein.
Einmal zieht Peter ein enges Kleid
von seiner Mutter an.
Anne hat einen Anzug von Peter an.
Dazu setzt sie sich eine Mütze auf.
Alle müssen sehr lachen.

Margot und Anne träumen ab und zu
gemeinsam von ihrer Zukunft.
Margot will Ärztin werden.
Anne möchte nach London und Paris.
Sie will Kunst-Geschichte studieren.
Alle Menschen im Hinterhaus
haben ihren eigenen Traum.

Was tun sie als Erstes,
wenn sie frei sind?

Anne schreibt:

> *Margot und Herr van Pels wollen ein heißes Bad. Frau van Pels will Kuchen essen. Mutter wünscht sich eine Tasse echten Kaffee. Peter möchte ins Kino. Herr Pfeffer will zu seiner Frau.*
> *Vater möchte einen Freund besuchen, der sehr krank ist.*
> *Und ich? Ich würde vor lauter Freude nicht wissen, was ich tun soll.*
> *Mich frei bewegen und endlich wieder zur Schule gehen!*

Sorgen

Herr und Frau van Pels haben
einen heftigen Streit.
Sie haben kein Geld mehr.
Herr van Pels will die Pelzjacke
von seiner Frau verkaufen.
Für eine Pelzjacke bekommt man
viel Geld.
Mit dem Geld können sie dann
wieder ihr Essen bezahlen.
Aber Frau van Pels will
ihre Pelzjacke nicht hergeben.
Sie stampft mit den Füßen,
schreit und weint.
Aber die Pelzjacke wird
trotzdem verkauft.

Auch Herr Pfeffer sorgt für Unruhe.
Er schreibt nämlich Briefe.
Nicht nur an seine Frau,
sondern auch an Freunde.

Und er bekommt Briefe von ihnen.
Miep bringt die Briefe mit.
Annes Vater ist wütend.
So verrät Herr Pfeffer
die Menschen im Hinterhaus.
Und die Menschen, die ihnen helfen!
Herr Pfeffer soll sofort aufhören,
Briefe zu schreiben.

Anne ist traurig.
Und sie wird immer trauriger.
Sie sieht schlecht aus.

Sie ist dünn und blass.
Sie bekommt verschiedene Tabletten.
Aber die helfen nicht.
Anne weiß, was mit ihr los ist:

Lachen, bis ich Bauchweh bekomme.
Das würde mir guttun.
Ich muss raus hier. An die frische Luft.
Rad fahren und den Wind
im Gesicht spüren.
Ich fühle mich wie ein Vogel
ohne Flügel.
In einem viel zu kleinen Käfig.
Aber ich sage nichts.

Da ist noch etwas.
Bei Opekta gibt es
einen neuen Mitarbeiter.
Er arbeitet im Warenlager.
Er weiß nichts von den Menschen
im Hinterhaus.
Aber er stellt oft Fragen
über das Hinterhaus.
Und er stiehlt.
Der Mann macht alle nervös.

Etwas Schönes

Anne wünscht sich
jemand zum Reden.
Eine Freundin oder einen Freund.
Dabei denkt sie an Peter.
Sie schreibt über ihn:

> *Wir sind beide jung und unsicher.
> Wir haben beide eine Mutter,
> die uns nicht versteht.
> Wir wohnen jetzt seit eineinhalb
> Jahren in diesem Versteck.
> Wir können nicht das tun, was man
> normalerweise in unserem Alter
> macht: zur Schule gehen, ausgehen,
> Sport treiben, in einen Verein gehen.*

Eines Tages schälen Peter, Anne
und Margot Kartoffeln.
Anne schreibt:

> Wir redeten über Moffie. Das ist die Katze im Vorderhaus.
> „Wir wissen nicht, ob es ein Weibchen oder Männchen ist, oder?", fragte ich.
> „Doch", antwortete Peter.
> „Es ist ein Kater.
> Du kannst mitgehen und ihn dir ansehen." Er sagte es ganz normal, ohne zu lachen.
> Als wir beide im Vorderhaus waren, nahm er Moffie auf den Arm.
> „Schau", sagte er. „Das ist das männliche Geschlechtsteil."

Ich freute mich, dass er so mit mir redet. Jetzt ist es zwischen mir und Peter anders. Er wirft mir ständig Blicke zu. Und manchmal schaue ich ihn dann auch an.

▲ *Anne ist oft im Zimmer von Peter.*

Ein Freund

Anne gefällt das Leben im Hinterhaus
jetzt viel besser.
Sie ist oft bei Peter in seinem Zimmer.
Sie reden über alles Mögliche.
Wenn Peter auf den Dachboden geht,
geht Anne mit.

Auf dem Dachboden gefällt es
ihnen beiden gut.
Dort kann man das Fenster öffnen.
Anne sieht den blauen Himmel.
Und den Kastanienbaum
bei den Nachbarn.
So fühlt sie sich der Natur nah.
Sie spürt die Sonne und den Wind.

Sie sieht die Wolken vorbeiziehen.
Sie sieht, wie sich die Zweige
am Baum verändern.

Das macht Anne glücklich.
Aber Annes Mutter gefällt es nicht,
dass sie so oft bei Peter ist.
Sie findet, dass Anne
Abstand halten soll.

Das will Anne nicht.
Sie hat endlich
einen Freund gefunden.

Ostern 1944

Es ist Sonntagabend.
Aus dem Warenlager dringt
Lärm nach oben.
Die Männer im Hinterhaus gehen
nach unten: Einbrecher!
Die Einbrecher rennen schnell weg.
Jetzt gibt es ein Loch in der Tür!

Über das Loch wird
ein Brett genagelt.
Doch die Einbrecher kommen wieder.
Sie treten einfach das Brett ein.
Herr van Pels schlägt mit einem Beil
hart auf den Boden.
„Polizei!", ruft er.

Da rennen die Einbrecher
zum zweiten Mal weg.

Aber durch das Loch in der Tür
scheint plötzlich Licht.
Ein Mann und eine Frau schauen
ins Haus hinein.

Leise gehen die Männer
vom Hinterhaus wieder nach oben.
Die beiden Spaziergänger werden
wohl die Polizei rufen, sagen sie.

Etwas später gibt es
wieder Geräusche.
Schritte im Büro und in der Küche
unten im Haus.

Jemand rüttelt am Drehschrank.
Anne denkt: Jetzt sind wir verloren.
Aber dann entfernen sich
die Schritte wieder.

Die Menschen im Hinterhaus
haben Todesangst.
Und natürlich müssen alle
auf die Toilette.
Das geht jetzt aber nicht.
Die einzige Rettung ist
der Papierkorb von Peter.
Nach einer Weile stinkt es furchtbar.

Später erfahren die Bewohner, dass
der Gemüse-Händler im Haus war.
Er ging mit seiner Frau spazieren.

Sie entdeckten dabei
das Loch in der Tür.
Der Gemüse-Händler schaute
sich drinnen um.
„Ich bin nicht zur Polizei gegangen",
sagte er zu Miep. „Ich weiß nichts.
Aber ich denke mir so einiges."

Nach dieser Nacht schreibt Anne:

*Ich wusste: Ich muss sterben.
Ich wartete auf die Polizei.
Aber jetzt bin ich gerettet!
Und mein größter Wunsch ist: Ich will
Niederländerin werden! Ich mag die
Niederländer. Ich liebe unser Land.*

Annes Tagebuch

Im englischen Radio gibt es
gute Nachrichten.
Nach dem Krieg werden Briefe
und Tagebücher gesammelt.
Alle sollen erfahren, was die
Menschen im Krieg erlebt haben.
Plötzlich interessieren sich alle
für Annes Tagebuch.
Ein Buch über das Hinterhaus!
Anne schreibt:

> *Es wird lustig sein, es zehn Jahre*
> *nach dem Krieg zu lesen.*
> *Wie wir Juden hier gelebt haben.*

Ich weiß jetzt, dass ich immer schreiben will. Das will ich unbedingt. Ich will eine berühmte <u>Schriftstellerin</u> werden. Ich will weiterleben, auch nach meinem Tod.
Nach dem Krieg will ich ein Buch herausgeben. Mit dem Titel: „Das Hinterhaus".

Und dann ...

Liebe Kitty,
gestern habe ich meinen ersten Kuss bekommen. Am 15. April 1944. Ich bin so glücklich!

Verliebt

Überall sind Lebensmittel knapp.
Im Hinterhaus gibt es braune Bohnen
und Kartoffeln. Und Knödel aus Mehl.
Die liegen furchtbar schwer
im Magen.
Nur eins schmeckt gut:
die Scheibe Leberwurst,
die sie jede Woche bekommen.
Alle sind hungrig und unzufrieden.
Aber Anne schreibt:

> *Ich sitze mit Peter auf dem Dachboden. Auf einer harten Holzkiste. Wir sitzen eng beieinander. Wir umarmen uns.*

Peter hält eine Locke von mir zwischen den Fingern. Draußen zwitschern die Vögel. Die Bäume werden grün, der Himmel ist blau.

Und:

Liebe Kitty,
glaubst du, meine Eltern finden das gut? Dass Peter und ich uns küssen? Er ist 17½ und ich fast 15. Ich glaube nicht, dass sie damit einverstanden sind. Aber das ist mir egal. Margot würde das nie machen. Sie will sich erst verloben und dann erst küssen.

Der Brief

Anne redet mit ihrem Vater.
„Wenn Peter und ich zusammen sind,
sitzen wir eng beieinander.
Findest du das schlimm?“, fragt Anne.
Der Vater antwortet,
dass er das nicht schlimm findet.

Aber später meint er auch,
dass sie Abstand halten soll.
Er sagt, sie soll nicht so oft
nach oben zu Peter gehen.

Aber Anne geht trotzdem zu Peter.
Ihr Vater ist deswegen wütend.
Das macht Anne auch wütend.

Sie schreibt ihrem Vater
einen bösen Brief.

Sie schreibt, dass sie selbst
entscheiden kann.
Darüber, was gut
und was nicht gut ist.
Weil sie immer alles alleine
herausfinden muss.
Dass ihr niemand hilft.
Und dass sie kein kleines Kind mehr ist.

Sie steckt ihrem Vater den Brief
in die Jackentasche.

Annes Vater ist sehr traurig
über den Brief von Anne.

„Ich habe noch nie einen
so hässlichen Brief bekommen“,
sagt er.
„Du hast von deinen Eltern
so viel Liebe bekommen.
Und du fühlst dich allein?
Das haben wir nicht verdient.“

Anne erschrickt.
Sie bereut, was sie geschrieben hat.
„Ich war zu stolz“,
schreibt sie in ihr Tagebuch.
„Ich muss ein besserer Mensch
werden.“

Anne hat auch immer mehr Zweifel
wegen Peter.

Er ist doch anders, als sie dachte.
Und er hat einmal gesagt,
er wäre lieber kein Jude.
Anne dagegen ist es wichtig,
Jüdin zu sein.

Sie schreibt:

> *Wir können nie nur Niederländer sein.*
> *Oder nur Engländer.*
> *Wir werden darüber hinaus auch*
> *immer Juden bleiben. Und das wollen*
> *wir auch.*

D-Day

Es ist D-Day, sagen sie im Radio.
Es ist der 6. Juni 1944.
Endlich: die Invasion!
156.000 englische, kanadische
und amerikanische Soldaten sind
an der französischen Küste gelandet.
Sie kämpfen gegen die Deutschen.

Anne schreibt:

> Wird dieser elende Krieg jetzt endlich
> aufhören? Das wäre auch besser so.
> Wir haben nämlich kein Geld mehr.
> Vielleicht kann ich im September
> wieder zur Schule!

Ein paar Tage später
hat Anne Geburtstag.
Sie bekommt Blumen von Peter.
Miep hat die Blumen für ihn besorgt.
Anne freut sich über Peters Geschenk.
Aber sie ist nicht mehr verliebt in ihn.
Sie schreibt:

Ich habe mich an ihm festgehalten. Ich habe mit ihm ganz offen über Gefühle geredet. Das hätte ich nicht tun sollen. Aber ich wollte so gerne einen Freund. Jetzt will ich ihn eigentlich wieder loslassen. Peter dagegen mag mich jeden Tag mehr.

Die letzten Wochen

Am 20. Juli 1944 versucht jemand,
Hitler zu töten.
Eine Bombe explodiert.
Ein junger deutscher Offizier hat
die Bombe zu Hitler gebracht.
Der Versuch scheitert.
Hitler überlebt.
Aber für kurze Zeit hatten
die Menschen im Hinterhaus
wieder Hoffnung.

Anne hat es jetzt nicht leicht
mit ihren Mitbewohnern.
Das schreibt sie am 1. August 1944
in ihr Tagebuch.

Es ist ihr letzter Eintrag:

Bin ich still und ernst?
Dann glauben alle, ich spiele Theater.
Dann lache ich eben wieder.
Ich möchte so gerne anders sein.
Ich will so gerne zeigen,
dass ich auch ernst sein kann.

Und das könnte ich auch.
Wenn es keine anderen Menschen
auf der Welt gäbe.

Deine Anne

Teil 3

Die Zeit nach dem Tagebuch

1944-1945

Verhaftet

Es ist Freitag, der 4. August 1944.
Es ist halb elf Uhr vormittags.
Die Mitarbeiter von Opekta sind
im Warenlager beschäftigt.
Die Menschen im Hinterhaus
verhalten sich still.

Da hält ein Auto vor dem Haus.
Polizisten steigen aus.
Sie betreten die Räume von Opekta.
Die Polizisten drehen den Schrank
und gehen nach oben.

Die Menschen im Hinterhaus
müssen ihren Schmuck abgeben.

Dann müssen sie alle
eine Tasche packen und mitkommen.
Zwei von ihren Helfern werden
auch verhaftet.

Miep und Bep nicht.
Miep sagt, sie wusste nichts
von den Menschen im Hinterhaus.
Die Polizisten glauben ihr.

Als alle weg sind,
gehen Miep und Bep ins Hinterhaus.
Auf dem Boden liegt Annes Tagebuch.
Sie konnte es nicht mitnehmen.
Miep nimmt das Tagebuch an sich.
Sie wird es für Anne aufbewahren.

Westerbork

Alle Menschen aus dem Hinterhaus
werden weggebracht.
Mit dem Zug in das Lager Westerbork.

In Westerbork geht es ihnen schlecht.
Doch Anne freut sich,
wieder draußen zu sein.
Wieder andere Menschen zu sehen.
Und mit ihnen zu reden.

Am 3. September 1944 müssen sie
wieder in einen Zug steigen.
Mit vielen anderen Juden.
Der Zug fährt weiter nach Osten.
Niemand weiß, wohin.

Aber alle haben Todesangst.
Die Reise dauert
drei Tage und Nächte.

▲

Bahnhof Muiderpoort in Amsterdam
Jüdische Kinder warten mit ihren Eltern auf den Zug. Der Zug bringt sie ins Lager Westerbork.

Ab und zu hält der Zug.
Die Menschen dürfen dann
kurz nach draußen.
Deutsche Soldaten nehmen
ihnen ihr Geld ab.
Die Soldaten suchen den Schmuck,
den die Menschen in den Kleidern
versteckt haben.
Danach müssen alle
wieder in den Zug steigen.

Die Menschen haben kaum Platz.
Sie stehen dicht gedrängt beieinander.
Es gibt keine Toilette.
Nur eine kleine Tonne.
Es stinkt fürchterlich.
Endlich ist die Reise zu Ende.

Sie sind in Auschwitz, in Polen.
Dort gibt es ein großes
Vernichtungslager von den Nazis.

Alle müssen ihr Gepäck
im Zug lassen.
Und sich in einer Reihe aufstellen.
Die Frauen stehen auf einer Seite.
Die Männer auf der anderen.

Annes Vater sieht seine Frau
und seine beiden Töchter
zum letzten Mal.

Auschwitz

Die Männer aus dem Hinterhaus
gehen ins Lager für Männer.
Sie müssen dort hart arbeiten.
Wer nicht arbeiten kann,
wird ermordet.
Die meisten sterben
in der Gaskammer.

Herr van Pels ist der Erste, der stirbt.
Er verletzt sich an der Hand
und wird vergast.

Die Frauen aus dem Hinterhaus
gehen ins Lager für Frauen.
Auch dort ist das Leben schwer.

Es gibt wenig zu essen
und es ist kalt.
Die Toiletten sind dreckig.

Viele Frauen werden krank.
Dann werden sie vergast.

Tag und Nacht rauchen
die Schornsteine von den Öfen.
Tag und Nacht werden dort
Leichen verbrannt.

Das Ende von Auschwitz

Inzwischen kommen
die russischen Soldaten immer näher.
Die Nazis wollen die Gefangenen
aus Auschwitz wegbringen.

Anne, Margot und Frau van Pels
werden in ein Lager in Deutschland
gebracht: Bergen-Belsen.
Annes Mutter ist zu schwach
für diese Reise.
Sie stirbt im eiskalten Januar 1945.

Die Russen haben Auschwitz
fast erreicht.
Die Nazis fliehen vor ihnen.

Aber erst zerstören sie
die Gaskammern und Öfen.
Denn niemand soll entdecken,
was in Auschwitz passiert ist.

Die Nazis nehmen alle Gefangenen
mit, die noch gehen können.
Einer von ihnen ist Peter van Pels.
Annes Vater ist zu schwach.
Er kann nicht mitgehen.
Er bleibt in Auschwitz.
Doch die Nazis haben keine Zeit mehr,
ihn zu erschießen.
Die Nazis wollen weit weg sein,
wenn die Russen ankommen.
Am 27. Januar 1945 wird Annes Vater
befreit.

Bergen-Belsen

In Bergen-Belsen geht es
den Gefangenen sehr schlecht.
Es gibt wenig zu essen.
Es gibt Flöhe und Läuse.
Die Kleider von Anne und Margot
sind voll davon.
Die Läuse übertragen eine Krankheit:
Flecktyphus.

Die beiden Mädchen bekommen
hohes Fieber und Ausschlag.
Zitternd vor Kälte liegen sie
auf ihrem Bett.
Sie haben keine warme Kleidung
mehr.

Sie haben nur noch
eine dünne Decke.

Eines Tages fällt Margot
aus dem Bett.
Sie ist tot.

Nicht viel später stirbt auch Anne.
Es ist Februar 1945.

Ihre Leichen werden
auf einen großen Haufen geworfen.

Rückkehr in die Niederlande

Am 3. Juni 1945 kehrt Otto Frank
nach Amsterdam zurück.
Er besucht als Erstes
Miep und Jan Gies.

Er weiß bereits, dass seine Frau
in Auschwitz gestorben ist.

Jetzt hört er, dass auch
die Familie van Pels und Fritz Pfeffer
ermordet wurden.

Doch Miep und Jan wissen nichts
über Anne und Margot.

Aber es gibt nicht nur
schlechte Nachrichten.
Die beiden Helfer bei Opekta,
die auch festgenommen wurden,
mussten ins Gefängnis.
Jetzt sind sie wieder frei.

Otto Frank versucht, etwas über
seine Töchter herauszufinden.
Schließlich hört er, dass sie
in Bergen-Belsen gestorben sind.

Daraufhin gibt Miep ihm
das Tagebuch von Anne.
Miep wollte das Tagebuch
für Anne aufheben.
Aber nun bekommt es Otto Frank.

Er freut sich sehr darüber.
Aber das Lesen fällt ihm schwer.
Annes Tagebuch beeindruckt
ihn sehr.

Otto Frank beschließt,
das Tagebuch zu veröffentlichen.
Weil Anne das selbst so wollte.
„Das Hinterhaus“ soll das Buch
heißen.
Diesen Titel hat sich Anne
ausgedacht.

Die Bedeutung von Annes Tagebuch

Anne Frank wurde weltberühmt.
Millionen Menschen haben
ihr Tagebuch gelesen.
Oft mit Tränen in den Augen.

Anne war ein ganz normales,
jüdisches Mädchen.
Sie hat nichts Schlechtes getan.

Trotzdem wurde sie
im Zweiten Weltkrieg ermordet.
Genau wie 1,5 Millionen
andere jüdische Kinder.
Wie insgesamt 6 Millionen Juden.

Wenn Menschen Annes Tagebuch
lesen, denken sie oft:
Wie kann etwas
so Furchtbares geschehen?

Der Vater von Anne bekam
viele Briefe.
Vor allem junge Leser waren
von Annes Geschichte beeindruckt.
Otto Frank freute sich sehr
über die Briefe.
Er beantwortete sie alle.
Er schrieb oft:
„Ich hoffe, dass Annes Tagebuch
in deinem späteren Leben nachwirkt.
Damit du dich für den Frieden
in der Welt einsetzt."

Nachwort

Alle fragen sich:
Wer hat die Menschen im Hinterhaus verraten?
Dazu wurde viel untersucht
und geforscht.
Aber wahrscheinlich werden wir das nie erfahren.

Otto Frank sagte dazu:
„Was passiert ist,
kann man nicht wieder gutmachen.
Es ist wichtiger,
dass wir daraus etwas lernen."

Wörterliste

Seite 24: untertauchen
sich an einem sicheren Ort verstecken, wo einen niemand finden kann

Seite 47: Minister-Präsident
Leiter von einer Regierung

Seite 48: Vieh-Waggon
Wagen von der Eisenbahn, in dem Tiere transportiert werden

Seite 48: Westerbork
Westerbork war im Zweiten Weltkrieg ein „Durchgangslager" in den Niederlanden. Das bedeutet, Menschen wurden erst dorthin gebracht. Sie sollten aber nicht in Westerbork bleiben. Fast jeden Dienstag fuhr ein Güterzug voll Menschen in andere

Lager. Insgesamt wurden so über 100.000 Menschen weggebracht. Nur 5.000 von ihnen überlebten.

Seite 53: Schwarzmarkt
Ein Schwarzmarkt ist kein echter Markt. Im Krieg war das Kaufen und Verkaufen von vielen Dingen verboten. Die Menschen haben die Dinge heimlich gekauft und verkauft. Das heimliche und verbotene Handeln nennt man Schwarzmarkt.

Seite 78: Schriftstellerin
weibliche Person, die Bücher schreibt

Seite 85: D-Day
Am 6. Juni 1944 landeten englische, amerikanische und kanadische Soldaten an der französischen Küste. Sie kämpften gegen die deutschen Soldaten. Es war der Anfang von der

Befreiung von Westeuropa. Im Osten kämpften russische Soldaten gegen die deutschen Soldaten. Gemeinsam besiegten diese Länder Deutschland unter seinem Führer Adolf Hitler.

Seite 85: Invasion
Bei einer Invasion dringen Soldaten in ein fremdes Land ein. Die größte Invasion im Zweiten Weltkrieg war der D-Day.

Seite 87: Offizier
Soldat mit einem höheren Rang, der andere Soldaten anführt

Seite 97: Auschwitz
Auschwitz war ein großes Vernichtungslager in Polen.
Polen wurde damals von Deutschland beherrscht. Im Zweiten Weltkrieg wurden 1,3 Millionen Menschen

in dieses Lager gebracht. Etwa 1,1 Millionen Menschen wurden in Auschwitz ermordet. Auschwitz war nicht das einzige Vernichtungslager von den Nazis. Insgesamt brachten die Nazis 6 Millionen Juden um.

Seite 97: Vernichtungslager
ein Lager, in dem Menschen getötet werden

Seite 98: Gaskammer
Gaskammern waren spezielle Räume in den Vernichtungslagern. Dort wurden Gefangene mit giftigem Gas getötet. Das nennt man „vergasen".

Seite 100: Bergen-Belsen
ein Lager von den Nazis im heutigen Niedersachsen